Vente Paul RAJON

PEINTRE-GRAVEUR

EAUX-FORTES MODERNES

Partie de l'œuvre gravé de Paul RAJON

AQUARELLES ET DESSINS

COMMISSAIRES-PRISEURS :

Mᵉ BAILLY | **Mᵉ G. DUCHESNE**
Rue de la Banque, nᵒ 16 | Rue de Hanovre, nᵒ 6

M. Ed. SAGOT, Expert, rue Guénégaud, 18

PARIS — 1892

IMPRIMERIE MAULDE ET RENOU

A. MAULDE & Cie

IMPRIMEURS DE LA COMPAGNIE DES COMMISSAIRES-PRISEURS

Rue de Rivoli, 144

Vente Paul RAJON

PEINTRE-GRAVEUR

EAUX-FORTES MODERNES

PAR

Boilvin, Bracquemond, Buhot, Corot, Gaillard, Gaujean

S. Haden

Henriquel-Dupont, Raffet, Rops et Toussaint

PARTIE DE L'ŒUVRE GRAVÉ DE PAUL RAJON

EAUX-FORTES ORIGINALES ET REPRODUCTIONS

D'après Alma-Tadema, Gainsborough, Gérôme, Jacquet
Meissonier, H. Regnault, Rembrandt

AQUARELLES ET DESSINS ORIGINAUX

ESTAMPES ENCADRÉES

DONT LA VENTE AURA LIEU

HOTEL DES COMMISSAIRES-PRISEURS

RUE DROUOT, 9, SALLE N° 6

Le Jeudi 3 Mars 1892

A DEUX HEURES

Par le ministère de **Mᵉ BAILLY**, Commissaire-Priseur
rue de la Banque, 16

Et de **Mᵉ DUCHESNE**, Commissaire-Priseur, rue de Hanovre, 6

Assistés de **M. Ed. SAGOT**, marchand d'Estampes
rue Guénégaud, 18

PARIS — 1892

CONDITIONS DE LA VENTE

—

Elle sera faite au comptant.

Les Acquéreurs paieront CINQ POUR CENT en sus des enchères, applicables aux frais.

M. SAGOT se réserve la faculté de réunir ou de diviser les lots.

A. MAULDE et Cie, imprimeurs de la Compagnie des Commissaires-Priseurs,
rue de Rivoli, 144.   300—21943

DÉSIGNATION

BOILVIN

1 — Portrait de Rajon gravant, in-8 carré, 7 épreuves *avec le cuivre gravé.*

BRAQUEMOND (F.)

2 — Le Singe et le Chat, *d'après Gustave Moreau,* épreuve d'artiste sur Japon.

BUHOT (F.)

3 — Une Jetée en Angleterre, très belle épreuve sur vélin avec croquis dans la marge, *signée au crayon.*

4 — Les Grandes Chaumières, épreuve sur vieux papier avec le monogramme de l'artiste.

COROT

5 — Environs de Rome. — Vue d'Italie, épreuves sans lettre sur Japon. Jacquemart. — Frontispice des Études de Fleurs. Trois Gravures d'artistes américains.

FLAMENG (F.)

6 — Aquarelle représentant un Verre, une Pipe et une Boîte à Sardines.

GAILLARD (C.-F.)

7 — Buste du Dante, belle épreuve avant toute lettre, sur Chine.

GAUJEAN

8 — La Vierge et l'Enfant Jésus, d'après Jehan Foucquet, épreuve de remarque sur Japon, signée.

HADEN (Seymour)

9 — L'Abreuvoir (Kenarth), épreuve d'artiste.

10 — Le Hameau de Kidvelly, épreuve d'artiste.

HENRIQUEL-DUPONT

11 — Pastoret, d'après Paul Delaroche, épreuve d'eau-forte pure, toutes marges.

12 — La même pièce, épreuve terminée avant toutes lettres, avec les noms à la pointe.

RAFFET

13 — Lithographies originales, Caricatures, pièces déta-chées des Albums de 1827 et 1828, 22 pièces, belles épreuves.

ROPS (Félicien)

14 — L'Experte en Dentelle, très belle épreuve sur Japon, *signée* au crayon rouge.

TOUSSAINT

15 — Vue du Trocadéro, épreuve d'artiste avec dédicace, signée. — Vues de Monuments de Paris, de la France et de l'Angleterre; ensemble 20 pièces en épreuves avant la lettre.

ŒUVRES DE PAUL RAJON

16 — Amour platonique, *d'après Zamacoïs*, 6 épreuves d'états différents (B. 21).

17 — Le Bain : *Alma-Tadema*, 2 épreuves de remarque, avec portraits d'Alma-Tadema et de Rajon (B. 75).

17 *bis* — La même pièce, 19 épreuves en états et papiers différents.

18 — Le Buveur, *d'après Seymour Lucas*, 6 épreuves de différents états, dont trois avec remarque, deux différentes (B. 79).

19 — Cortigiama, *d'après Blanchard*, 3 épreuves, états et papiers différents (B. 26).

20 — **DESSINS.** Sous ce numéro, seront vendus 40 dessins ou photogravures retouchées à la sanguine, représentant des portraits de Femmes, d'Hommes et d'Enfants ; quelques *aquarelles* vues d'Orient, et une vue d'Auvers.

21 — Le Duel après le Bal, *d'après Gérôme*, 5 épreuves (B. 7).

22 — Les Émigrés, *d'après Linton*, in-4 en largeur, 3 épreuves de différents états (B. 77).

23 — L'Empereur Claude, *d'après Alma-Tadema*, in-fol. en largeur, 3 épreuves états et papiers différents (B. 74).

24 — Étude de Femme, héliogravure en creux ; environ 100 épreuves, *avec le cuivre gravé.*

25 — L'Étudiant pauvre, *d'après Steinheil fils*, in-8 en hauteur, épreuve d'artiste sur Chine (B. 23).

26 — La Femme au chapeau de paille, *d'après Rubens*, 2 épreuves d'artiste sur Hollande (B. 91).

27 — La Femme de Rubens et son fils, *d'après Rubens*, in-4 en haut. 2 épreuves, état et papier différents (B. 90).

28 — Femme et enfant, *d'après Reynolds*, 2 épreuves.

29 — Fernand Cortez, *d'après Velasquez*, in-4, 2 épreuves d'artiste (B. 92). Le Serment de Vargas, *d'après Gallait*, 2 épreuves d'artiste (B. 20). Ensemble 4 pièces.

30 — La Finette, *d'après Watteau*, in-8, 3 épreuves (B. 94).

31 — Le Fumeur, *d'après Seymour-Lucas*, 7 épreuves, état et papier différents (B. 80).

32 — Gardien de la Tour de Londres, *d'après Millais*, grand in-8, 7 épreuves, états et papiers différents (B. 78).

33 — Le Graveur (Meissonier fils), *d'après Meissonier*, in-4, (B. 16), 28 épreuves, états différents.

34 — Le Hache-Paille égyptien, *d'après Gérôme*, 2 ép., états et papiers différents (B. 5).

35 — L'Homme à la barbiche, *d'après Murillo*, 3 ép. de différents états.

36 — L'Homme au grand chapeau, *d'après Franz Hals*, in-4, 4 épreuves de différents états (B. 107).

37 — Jeanne d'Arc, in 4, 5 épreuves de différents états (B. 32).

38 — Lady Hamilton en bacchante, *d'après Romney*, épreuve d'artiste sur japon (B. 103).

39 — La Légende, *d'après Chalmers*, 3 épreuves de différents états, une signée (B. 84).

40 — Marchande de fleurs sur l'escalier du Capitole, *d'après Alma Tadema*, in 4, 2 épreuves états différents (B. 73).

41 — Marchande fleurs, *d'après Murillo*, 9 épreuves états et papiers diflérents (B, 93).

42 — Marine, *d'après Vollon*, 10 épreuves d'artiste sur chine et sur japon (B. 33).

43 — Master Crewe, *d'après Reynolds*, in f° en hauteur, épreuve terminée avec *l'In Progress* (B. 122).

44 — La Marseillaise, *d'après Pils*, 7 états différents.

45 — La même pièce, 31 épreuves de différents états.

46 — La même pièce, épreuve d'artiste, 4 épreuves **sur** japon et 2 épreuves sur chine (B. 39).

47 — **MERCIER**, *d'après Rajon*, Tête de jeune femme, 13 épreuves, *avec le cuivre gravé*.

48 — Monsieur Polichinelle, *d'après Meissonier*, 7 épreuves, états et papiers différents (B. 15).

49 — Le Muezzin, *d'après Gérome*, grand in-4 en hauteur, 2 épreuves, état et papier différents (B. 2).

50 — Ne pleure pas, *d'après Bonnat*, in-4 en hauteur, 2 épreuves d'artistes (B. 31).

51 — Le Neveu de Rameau, *d'après Meissonier*, 3 épreuves (B. 12).

52 — Ninette, eau-forte originale, un tirage en différentes couleurs, *avec le cuivre gravé*.

53 — L'Oiseau mort, *d'après Watts*, 2 épreuves de remarque, dont une avant la coupure du cuivre (B. 84).

54 — Le Peintre, *d'après Meissonier*, in-8, 7 épreuves, état et papier différents (B. 11).

55 — Petite Alsacienne, *d'après Marchal* (B. 30). — L'Etude (Femme devant son chevalet (B. 42), 3 épreuves, état et papier différents, ensemble 4 pièces

56 — Photogravures en couleurs *d'après les dessins de Rajon,* portrait de femme, portrait d'enfant, etc., etc. Environ 80 pièces.

57 — Le Plan *d'après Detaille*, in-8, 1 épreuve (B. 22).

58 — Porteuse d'Eau, *d'après Goya*, 4 épreuves, états différents (B. 117).

59 — Portrait d'Alma Tadema (B. 175), 5 épreuves divers papiers.

60 — Portrait de Mrs Baldwin, *d'après Reynolds*, in-4, 7 épreuves, états et papiers différents (B. 96).

61 — Portrait de Paul Baudry, peintre, in-4, 10 épreuves de différents états (B. 146).

62 — Portrait de F. Bracquemond en 1873, in-8. 8 épreuves sur divers papiers (B. 148).

63 — Portrait du Cardinal Newmann, *d'après Ouless,* 5 épreuves de différents états (B. 167).

64 — Portrait de Carlisle, *d'après Wats,* 6 épreuves, états et papiers différents, une retouchée.

65 — Portrait de Chalmers, peintre (B. 151). 2 épreuves.

66 — Portrait de Mme Cléveland, 1 épreuve *avec le cuivre gravé.*

67 — Portrait de Darwin, *d'après Ouless,* épreuve sur Chine avec remarques dans les marges (B. 147).

68 — Portrait de Mlle Delaporte du Gymnase (B. 120), 2 épreuves, état et papier différents.

69 — Portrait de Robert Dyck (B. 152), in-8, 5 épreuves de deux états différents.

70 — Portrait de George Elliot, *d'après Burton*, in-4,
23 épreuves (B. 154).

71 — Portrait de George Elliot de profil, in-8, 8 épreuves dont 3 avant lettre (B. 180), *avec le cuivre gravé*.

72 — Portrait de Femme de la famille Brignoles, *d'après
Paris Bordone*, 7 épreuves (B. 104).

73 — Portrait de Gardner, *d'après Reid*, 23 épreuves de
différents états *avec le cuivre gravé*.

74 — Portrait de Lord Gower, *d'après Millais*, 6 épreuves (B. 155). — Portrait de Lord Gower *en héliogravure*, 10 épreuves.

75 — Portrait de l'Amiral Heatfield, 2 épreuves d'état
sur Hollande, une terminée sur Japon, *signée* (B. 97).

76 — Portrait de Robert Hoë, président du Grolier-
Club de New-York, in-4, 13 épreuves, états et papiers
différents (B. 157).

77 — Portrait d'Homme, in-8, de profil de droite, 3 ép.
(B. 143).

78 — Portrait d'Homme, assis dans un fauteuil, tenant
son chapeau dans la main droite, *d'après Cornant*,
29 épreuves de différents états dont le bon à tirer.

79 — Portrait d'Homme assis, tourné à droite, l'index
droit dans un livre, grand in-fol. en hauteur, 2 ép.
sur hollande et sur chine (B. 181).

80 — Portrait d'Homme. *d'après Franz Hals*, petit in-4
en hauteur, 4 épreuves de différents états.

81 — Portrait de Victor Hugo, *d'après Bonnat*, 4 ép.
d'artiste sur Whatman (B. 124).

82 — Portrait de Joachim, violoniste, *d'après Watts*,
in-4, 17 épreuves de différents états (B. 159).

83 — Portrait de John Bright, *d'après Ouless*, 4 ép. de
différents états (B. 150).

84 — Portrait de F. Leighton, *d'après Watts*, in-fol.,
4 épreuves de différents états (B. 160).

85 — Portrait d'Abraham Lincoln (B. 161), 5 épreuves
dont 3 avec remarque.
La remarque est le moulage de la main de Lincoln.

86 — Portrait du docteur Mallez, d'après Saint-Pierre,
in-8, 3 épreuves sur papier ancien (B. 137).

87 — Portrait de Nasmith, *d'après Reid* (B. 166), 3 ép.
terminées sur différents papiers.

88 — Portrait de Pochin, chimiste, *d'après Ouless*,
5 épreuves de différents états (B. 168).

89 — Portrait du Révérend James Martineau *d'après
Watts*, 14 épreuves, états et papiers différents (B.
168).

90 — Portrait de Madame Pasca, *d'après Bonnat*, 11 ép.,
états et papiers différents, une signée (B. 127).

91 — Portrait de Georges Rieding, 3 épreuves dont deux
sur Japon, signées (B. 169).

92 — Portrait de Reid, peintre, 11 épreuves, états et
papiers différents (B. 170).

93 — Portrait de Georges Roé, in-4, 10 épreuves, états
et papiers différents (B. 171).

94 — Portrait de Mme Suzanna Rose, *d'après Sandys*,
in-4, superbe épreuve d'artiste sur Chine signées
(B. 148) et 5 épreuves sur différents papiers.

95 — Portrait de sir Rowland-Hill, 8 épreuves (B. 156).

96 — Portrait de Sarasate, héliogravure en creux, environ 20 épreuves.

97 — Portraits de Steinheil et André Lemoine, 14 ép.,
états et papiers différents (B. 128).

98 — Portrait de Stuart Mill, *d'après Watts*, in-8 (B. 163).
40 épreuves, la plupart terminées, sur papiers différents.

99 — Portrait de Tennyson, 5 épreuves de différents états (B. 149).

100 — Portrait de Tourguenef, in-8 (B. 129), 5 épreuves, état et papier différents.

101 — Portrait de Vuillemot, cuisinier (B. 130), 2 ép.

102 — Portrait de William-Sale, *d'après Ouless*, gr. in-4, 17 épreuves de différents états (B. 172).

103 — Portrait de Whistler, héliogravure, *d'après Rajon*, environ 120 épreuves.

104 — Portraits et Vignettes, pour l'Illustration des livres, pièces en épreuves d'artiste pour la plupart, en différents états et papiers.

105 — Le Premier né, *d'après Vibert*, épreuve sur japon et épreuve sur hollande (B. 25).

106 — La Prière, *d'après Chalmers*, in-8 en haut., 4 épreuves, états et papiers différents (B. 76)

107 — Le Printemps, *d'après Marchal*, in-4, épreuve de 1er état (B. 29), et une épreuve d'état très avancé.

108 — La Querelle apaisée, *d'après Vautier*, in-4, 5 épreuves dont 2 de la planche détruite (B. 19).

109 — Relais de chiens dans le désert, *d'après Gérôme*, in-4, en larg., épreuve d'artiste sur hollande, *signée* (B. 6).

110 — Le Retour des enfants du fermier, *d'après Jules Breton*, in-f° en largeur, 14 épreuves, états et papiers différents (B. 38).

111 — Reproductions diverses, la plupart en épreuves d'artiste ou en épreuve d'état sur papiers différents.

112 — Rêverie, *d'après G. Jacquet*, 12 épreuves d'états
différents dont trois terminées avec remarques (B.28).

113 — Saint Georges, *d'après Giorgione*, in-8, 5 épreuves
de différents états (B. 105).

114 — MM. Siddons, *d'après Gainsborough*, épreuve du
4ᵉ état sur Hollande et une autre épreuve d'état sur
Chine (B. 10).

115 — Sir George Yonge, in-8, *d'après Reynolds*,
2 épreuves (B. 98).

116 — Sujets divers : C. Gervatius, *d'après Van Dyck*
(B. 108). 2 épreuves, Stanislas Poniatowski, la main
sur un sablier ; (B. 123) ; portraits divers, 3 pièces,
ensemble 6 pièces, épreuves d'artiste.

117 — Sujets divers ; Homme d'armes (B. 41). Marine
(35). La Vierge au panier (86). La Ratisseuse (110),
Sainte Cécile (111), Gérard Dowe (112), Le Satyre
(114), Philippe IV (115), Murillo (116), Dorothée (184),
ensemble 15 pièces en épreuves d'artiste.

118 — Tête de Paysanne en bonnet, de profil à gauche ;
un dossier contenant des épreuves, *avec le cuivre
gravé.*

119 — The Blue Boy, d'après *Gainsborough*, 5 épreuves
d'artiste (B. 102).

120 — Type de Beauté, d'après Chalmers, 12 épreuves
avec le cuivre (B. 82).

121 — Vignettes, *d'après Rossi*, pour le 2ᵉ volume des
OEuvres de *François Coppée* ; 63 épreuves d'état
avancé ou terminé.

122 — Vignettes pour les *Contes Rémois*, édition
Jouaust. — Portrait du Comte de Chevigné ; ensemble 20 pièces en épreuve d'état ou avant lettre.

123 — Vignettes pour l'Histoire de Marie Stuart et Portraits de Coppée, Sully-Prudhomme, Breton, etc.;
14 pièces en épreuves avant la lettre.

124 — Un Mariage protestant en Alsace, *'après Brion*;
3 épreuves de différents états (B. 18).

125 — Le Vieux Téméraire (vaisseau), *d'après Turner*,
in-4; 3 épreuves. — Marine, *d'après Turner* (B. 120).

———————

GRAVURES ENCADRÉES

AYANT FIGURÉ AUX EXPOSITIONS ET AUX SALONS

———

126 — Le Neveu de Rameau ou Fumeur hollandais,
d'après Meissonier (B. 12).

127 — C. Gervatius, *d'après Van Dyck* (B. 108).

128 — Bracquemond en 1852, *d'après lui-même* (B. 147).

129 — Salomé, *d'après Henri Regnault* (B. 24).

130 — Mrs. Siddons, *d'après Gainsborough* (B. 101).

131 — Le Polichinelle, *d'après Meissonier* (B. 15).

132 — Un Homme (fin Louis XIII) en chapeau.

133 — La Porteuse d'eau, *d'après Goya* (B. 117).

134 — La Lecture de la Bible, *d'après Brion* (B. 17).

135 — La Querelle apaisée, *d'après Vautier* (B. 19).

136 — Portrait de Stuart Mill, *d'après Watts* (B. 163).

137 — Portrait de James Martineau, *d'après Watts*
(B. 162).

138 — Rembrandt gravant, *d'après Gérôme* (B. 1).

139 — La Légende, *d'après Chalmers* (B. 84), deux épreuves

140 — Portrait du cardinal Newmann, *d'après Ouless* (B. 167).

141 — Portrait de Pochin, *d'après Ouless* (B. 168).

142 — La Rêverie, *d'après G. Jacquet* (B. 28)

143 — Le Bain, *d'après Alma-Tadema* (B. 75).

144 — La Femme de Rubens et son Fils, *d'après Rubens* (B. 90).

145 — L'Indifférent, *d'après Vatteau* (B. 94).

146 — La Marseillaise, *d'après Pils* (B. 39).

147 — Têtes de reproductions, six cadres.

148 — Portrait de Thomas Edwards, *d'après Reid* (B. 153).

149 — Le Liseur assis, appuyé sur son coude, *d'après Meissonier* (B. 8).

IMPRIMERIE A. MAULDE ET Cie

144, RUE DE RIVOLI. — PARIS

www.ingramcontent.com/pod-product-compliance
Lightning Source LLC
LaVergne TN
LVHW010911180726
843502LV00010B/4086